JN436810

대박집 "올터 쟁반짜장" 안주인의 비밀노트

행복을 만드는 여자

행복을 만드는 여자

초판 1쇄 인쇄 2009년 10월 31일
초판 1쇄 발행 2009년 11월 07일

지은이 | 이윤복
펴낸이 | 손형국
펴낸곳 | (주)에세이퍼블리싱
출판등록 | 2004. 12. 1(제315-2008-022호)
주소 | 157-857 서울특별시 강서구 방화3동 822-1 화이트하우스 2층
홈페이지 | www.essay.co.kr
전화번호 | (02)3159-9638~40
팩스 | (02)3159-9637

ISBN 978-89-6023-282-2 03810

행복을 만드는 여자

대박집 "올터 쟁반짜장" 안주인의 비밀노트

글 · 사진 이윤복

ESSAY

프롤로그

이곳, 포천에 자리 잡은 지 9년이 흘렀습니다.

어린 아들을 등에 업고, 남편과 함께 세 식구가 사람 구경하기도 힘든 곳에 월세를 얻어 들어왔을 때, 몇 달 동안 방치되었던 식당의 흔적들을 말끔히 치워버리는 것으로부터 우리만의 식당 만들기가 시작되었습니다.

주방에 기름기 가득하고 좀 지저분하다는 생각을 먼저 하게 되는, 자장면 집의 틀을 완전히 깨버리고, 눈만 뜨면 어떻게 하면 멋진 중국집을 만들까, 큰 돈 들이지 않고 손님들이 오셨을 때 쾌적하고, 편안하고 맛난 집, 그리고 멋진 집으로 만들려고 밤낮으로 고심하고 노력했습니다.

계절마다 원단을 구입해 커튼과 식탁보를 만들고 길가에 버려진 나무토막 하나도 버리지 않고 액자를 만들고, 글을 쓰고, 그림을 그려서 아기자기한 콘셉트로 편안함을 주었습니다.

그렇게 아름다운 음악과 시와 분위가 있는 자장 카페로 만들어 나갔습니다. 바쁜 나날의 연속이었습니다.

처음엔 손님이 별로 없었지요. 한 분, 한 분 방문해 주시는 손님께 친절과 정성과 맛으로 승부를 걸었습니다. 그 결과 5년 만에 지금 이곳에 땅을 사고 집을 지을 수 있었습니다.

저보다 더 아름다운 성공을 이룬 분들도 많으시겠지만 제가 꿈꾸던 꿈이 이루어졌기에 자부심과 행복한 마음으로 저의 모든 것을 진솔하게 보여 드리기로 했습니다.

이 책을 통해서 '꿈은 이루어진다'는 것을 다시 한 번 알려드리고 싶었습니다. 그래서 꿈이 필요하신 분들께 꿈을 나눠드리고 싶습니다.

이곳을 찾아주시고, 사랑해 주시고, 아껴 주시는 모든 손님들 덕분에 오늘도 저희 가족은 행복합니다. 저희 가족은 더욱더 멋진 분위기와 청결함과 맛과 정성으로 최선을 다하는 마음으로 고객을 모실 것을 약속드립니다.

감사합니다.

사랑합니다.

존경합니다.

2009년 9월

"올터 쟁반짜장" 안주인 올림

차 례

행복을 만드는 여자

프롤로그 _ 5

happy one 행복의 비밀노트

언제나 처음처럼 _ 17

가을밤의 행복 _ 21

자연이 주는 풍요로움 _ 24

행복의 비밀노트 _ 29

눈 내린 아침에 _ 33

사랑이 머무는 자리 _ 35

가을 바람소리 _ 39

행복의 열쇠 _ 44

피로를 날려버리는 방법 _ 46

마음 따뜻한 손님 _ 49

우리 가족들(강아지) _ 51

happy two 중년의 향기

다시 찾은 나만의 여유 _ 59

여행을 꿈꾸며 _ 64

중년의 향기 _ 66

안개꽃 _ 70

우리 집의 첫눈 _ 72

나이를 먹는다는 것 _ 76

꽃에게서 희망을 _ 78

봄을 기다리는 마음 _ 80

바람 부는 날 _ 84

happy three 생활의 지혜

재활용품의 변신 _ 91

향기로 상쾌함을 사다 _ 94

작은 미니 병의 변신 _ 96

내가 만든 소품 1 _ 97

내가 만든 소품 2 _ 100

고장 난 시계의 변신 _ 101

손끝의 향기 _ *103*

오래된 식탁 리폼 _ *105*

내가 만든 커튼 _ *106*

헌 의자의 변신 _ *110*

다시 만든 가렌더 _ *112*

크리스마스를 기다리며 _ *116*

새해 맞이 준비 _ *118*

테라스에 새로운 커튼을 _ *121*

happy four 생활의 활력

긍정적인 삶 _ *131*

매실 꽃 축제 _ *134*

덧 없는 세월 _ *136*

올터의 유월 _ *140*

엄마의 마음 _ *142*

기다림의 기쁨 _ *144*

가을의 마음 _ *146*

삶의 여정과 닮은 소국의 아름다움 _ *148*

배려하는 마음 _ *152*

생활의 활력 _ *154*

happy five 성공으로 가는 길

생활의 미소 _ *161*

아름다운 생활 _ *164*

한결 같은 마음 _ *167*

한 권의 책 _ *169*

마음 하나 바꾸면 _ *172*

실패를 딛고 _ *175*

성공의 포인트 _ *182*

우리 식당 경영 원칙 _ *184*

자장면과 깍두기 _ *187*

해물과 버섯 듬뿍, 짬뽕 _ *189*

막걸리 파티 _ *190*

정갈한 마음 _ *193*

에필로그 _ *196*

인간이 이 세상에 존재하는 것은
부자가 되기 위함이 아니라, 행복하게 살기 위해서다.
〈스탕달〉

happy one

행복의 비밀노트

울터
쟁반짜장

언제나 처음처럼

누가 무어라 해도 살아 있음에 행복합니다. 저희 집에 처음 오신 분들은 제가 복이 많아서 이렇게 멋진 식당을 하고 있다며 부러워하십니다. 돈 많은 남편을 만나서 호강한다고 생각하십니다. 하지만 저에 대해 잘 아시는 분들은 저희 부부에게 대단하다고 칭찬을 아끼지 않으십니다.

여기까지 온 것은
온갖 고뇌와 역경 속에서 꿈을 가지고,
최선의 노력으로 이루어낸
결과물인 것을 잘 아시기 때문입니다.
그래서 더 소중하고, 당당하고, 저희 자신이 자랑스럽습니다.

그 당시 갓난아기를 데리고, 직원 한 사람 없이 남편은 주방 일을,
저는 하나서부터 열까지 육아와 홀 서빙에서
설거지, 청소, 인테리어 모든 것을 도맡아 했습니다.
배달을 하지 않고 내방 고객만 모시다 보니
남다른 아이디어가 필요했습니다.
가족끼리 많이 오실 수 있는 공간으로 만들어야겠다는 생각으로
많은 노력을 기울였지요.
작은 음료수 병이라도 함부로 버리지 않고,
나무토막 하나라도 버리지 않고,
소품을 만들어서 홀에 장식을 했습니다.
그렇게 만들어진 소품들이

아기자기한 많은 볼거리를 제공한 것 같습니다.

몸이 열 개라도 모자라게 생활했던

지난날들을 돌이켜보면,

정말로 대견하고 잘 살아왔다는 자부심이 느껴집니다.

또한 미처 치우지 못하고, 자리가 없을 때

직접 앞 손님이 드시고 가신 빈 그릇들을 손수 챙겨서
주방에 가져다주시곤 하셨던 손님들께서 아직도 단골로 오십니다.
아무리 바빠도 저는 뛰어나가,
반갑게 따뜻하게 진실한 마음으로 손 한번 잡아 드리고,
안아드립니다.
그분들이 계셨기에 이렇게 이 자리에서 남아있게 된 때문입니다.
항상 그 예전처럼 이 자리에 있습니다.
항상 처음처럼, 이 자리에 변함없이 남아있고 싶습니다.
맛과 청결함과 따뜻함으로….

가을밤의 행복

밤으로 이어지는 시간에 테라스에 나왔습니다.

바람이 제법 싸알 합니다.

나의 테라스엔 음악과 시와 분위기가 있습니다.

그리고 상큼한 가을바람까지도…

밤의 테라스는 아름다움입니다.

테라스의 불빛만큼이나 마음 또한 따뜻한 시간입니다.

옹기종기 모인 화분들을 이제는 옮겨 놓아야겠습니다.

찬 서리가 오기 전에요.

영업시간이 끝난 시간에 빈 테라스에 이렇게 나와 있노라면

지금껏 살아온 시간들이 주마등처럼 밀려옵니다.

누구의 도움도 없이 일궈낸 생활들, 더할 수없이 어려웠던 삶,

이젠 말할 수 있습니다.

그리고 스스로 아름답다고 생각해 봅니다.

그러므로 한순간도 그냥 흘려버리지 않으려고 최선을 다하는 삶입니다.

매실 밭의 가을은 이만치 왔고 서서히 겨울 준비도 해야겠습니다.

버려진 나무에 색을 입히고 글을 써 넣었습니다.

정말로 테라스엔 사랑이 머물고 있습니다.

그런대로 내 작품이 있어야할 자리에 있습니다.

이렇게 시월을 맞이했습니다.

가을바람과 함께…

오늘밤엔 이지성 님의 꿈꾸는 다락방을 읽어야겠습니다.

"당신의 꿈을 시각화하라. 생생하게 꿈꾸고 글로

적으면 현실이 된다."

라는 정말로 좋은 책을 오늘은 읽어야겠습니다.

자연이 주는 풍요로움

항상 바쁜 날들 속에서 저 자신을 찾았습니다.
아침마다 일어나 이렇게 수많은 꽃들과 대화를 합니다.
잘 잤니? 사랑해!

매실 밭 사이에 핀 야생화가 늘 풍요롭게 합니다.
물질적인 풍요로움도 중요하지만
자연이 주는 풍요로움이야말로
정말 부자라고 생각합니다.

이렇게 아름다운 정원에서 자연을 노래하며 사는 자체가
너무 행복합니다.
시와 그리움이 있는 풍경, 넘 멋지지 않으세요?
매실 밭의 풍경입니다.

온갖 야생화가 피어있는
그리움과 향기와 아름다움을…
모두를 사랑합니다.
뼈저리도록 지금껏 그렇게 살아 온 것처럼.

녹차 한 잔 우려서 손에 들고 매실 밭을 지날 때면
어릴 적 울밑에선 봉선화를 연상하게 합니다.

많은 부추와 꽃을 보기 위해

봄 동안 먹고 이제는 놔두었습니다.

후룩스입니다.

하얀색, 꽃분홍색 무지하게 예쁘게 피어납니다.

매실밭 사이에 감자도 많이 심었습니다.

고구마도, 포도도, 해바라기 그리고 참외와 오이도 심었습니다.

수박까지도, 고추까지도, 옥수수까지도, 가지도 있네요.

이 모든 것이 남편의 작품입니다.

가을이면 아주 멋진 풍요로움으로 이어질 것입니다.

이로크롬 멋진 매실 정원은 야생화와 채소로 가득 차 있습니다.

풀과의 전쟁 속에서 매일 바쁜 나날들입니다.

아름다움을 보기위해선 노력도 필요합니다.

행복의 비밀노트

칙칙 폭폭!

아침 6시를 알리는 알람 소리입니다.

동쪽 창문으로 환하게 비춰 주는 햇살과 새소리는,

나의 단잠을 깨우기에 충분합니다.

일찍 일어나 빨래부터 돌려놓고,

녹차 한 잔 타서 손에 들고 매실밭을 거닐어 봅니다.

그곳엔 내 손길이, 남편의 손길이, 어우러져 있습니다.

꽃은 나를 보고 방긋이 웃고 있습니다.

나도 함께 웃어 보며 녹차의 향내를 입안에 가득 모으고,

오늘 하루도 잘 살아야겠다고 다짐해 봅니다.

나의 말수를 줄이고, 그들의 말을 많이 들어주며,

밝은 미소로 모두를 사랑해야겠다고 생각해 봅니다.

웃음은 최고의 보약이라고 했던가요?

시와
그리움이
있는 풍경

미소야말로 삭막한 현실에 최고의 선물이라고 생각합니다.
매일 똑같은 생활들이지만, 난 늘 새로운 변화를 추구합니다.

어떤 여자 손님의 말씀,
남편은 회사에, 아이들은 학교에 보내고 10시까지 실컷 자고,
세수는 한 둥 만 둥 하고 게으름을 피우다가도,
우리 가게를 생각하면 이러면 안 되지 하며
마음을 고쳐먹게 된다고 하십니다.
어떤 땐 일부러 자장면 한 그릇 드시고
삶의 활력을 불어 넣고 가시거나,
가끔 우리 집에 와서 신선한 향내음을 맡고 가신다고 하십니다.
조금은 부끄럽습니다.
그런 소리를 들으면.
그러므로 난 더욱 부지런해야한다는 다짐을 하며,
결코 행복은 저절로 오는 것이 아니라고 생각하며,
오늘도 행복을 만드는 작업을 합니다.

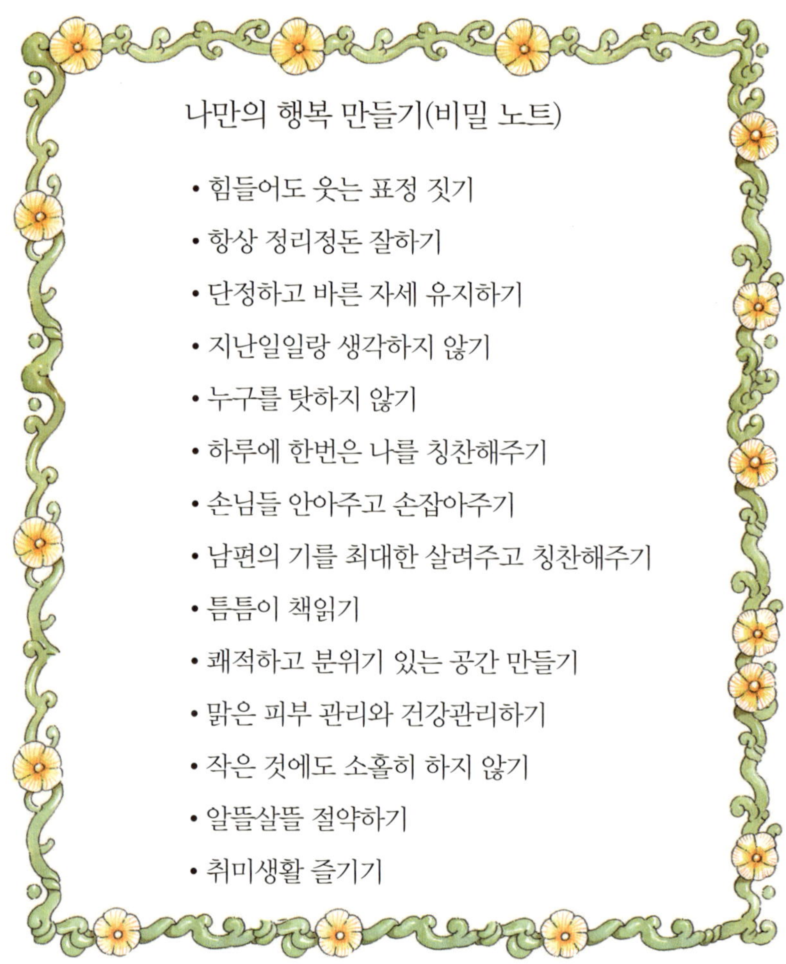

나만의 행복 만들기(비밀 노트)

- 힘들어도 웃는 표정 짓기
- 항상 정리정돈 잘하기
- 단정하고 바른 자세 유지하기
- 지난일일랑 생각하지 않기
- 누구를 탓하지 않기
- 하루에 한번은 나를 칭찬해주기
- 손님들 안아주고 손잡아주기
- 남편의 기를 최대한 살려주고 칭찬해주기
- 틈틈이 책읽기
- 쾌적하고 분위기 있는 공간 만들기
- 맑은 피부 관리와 건강관리하기
- 작은 것에도 소홀히 하지 않기
- 알뜰살뜰 절약하기
- 취미생활 즐기기

난 나를 위해 비밀노트의 모든 것을 실천하려고 노력하고 있습니다.

나의 행복이 곧 가족들의 행복으로 이어지기 때문입니다.

눈 내린 아침에

새벽아침에 창밖엔 눈발이 날리고 있습니다.
얼른 테라스로 나가서 눈 내린 모습을 담아 봅니다.
날씨가 푹해서 쌓이지는 않을 것 같습니다.

추위에 앉지도 않는 테이블이지만
항상 청결함을 유지합니다.
바람 불어 매실 잎새가 모두 떨어져
앙상한 가지만 추위에 떨고 있는 듯한 황량해진 매실 밭,
그 끝엔 오리와 거위가 아물거립니다.

성탄절을 맞이하여 테라스엔 꼬마등으로 장식해 놓았습니다.

바람 불어 꼬마등이 춤을 춥니다. 밤의 테라스입니다.

똑 같은 자리이지만 분위기가 다릅니다.

눈 내린 새벽의 테라스는 아름다움입니다.

한해를 보내며 열심히 최선을 다해서

앞만 보며 살아온 흔적이 보입니다.

눈이 제법 쌓여서 지붕도 하얗습니다.

오늘도 많이 오실 분들을 위해서 아깝지만 눈을 쓸어야겠습니다.

사랑이 머무는 자리

테라스 공사를 하고 남은 방부목에
색을 입히고 글씨를 써 넣었습니다.
오밀 조밀…
창문에 내 마음을 걸어보았습니다.

흔한 화분 하나에도 정성을 기울였습니다.
지친 일상생활 속에서 식사 후 차 한 잔을 마셔도
맛나게 드시라고 내 마음을 걸었습니다.

나의 테라스엔 항상 변화가 있습니다.
늘 바쁜 나날들입니다.
많은 꽃들과 화분들은 나의 손길을 기다리고 있답니다.

사랑이 머무는 자리
WELCOME

항상 그러하듯이

웃음은 최고의 보약인가 봅니다.

행복은 멀리에 있는 것이 아니고, 자기 자신이 만드는 것이라고 생각합니다.

항상 얼굴 가득 미소를 띠면 생활이 밝아집니다.

주변이 밝아집니다.

돈도 들지 않는 상냥한 미소는 행복을 가져다줍니다.

모두 웃으면서 살아가면 좋겠습니다.

누군가 말했지요.

행복해서 웃는 게 아니고 웃으니까 행복하다고….

가을 바람소리

가을 바람소리를 들었습니다.

지금 마악,

이곳은 가을꽃이 피기 시작했습니다.

정원에 나가서 아름다운 가을꽃을 사진기에 담았습니다.

색깔과 향기가 다른 그 아름다운 꽃들이

제각기 예쁘다고 뽐내고 있는 모습에 살포시 미소가 떠오릅니다.

가을은 그래서 아름다운가 봅니다.

항상 꽃들과 대화를 합니다.

사랑도 주고, 미소도 지으며, 요리조리 만져주며,

메말라 있으면 물을 주어 정성을 들입니다.

그 정성이 없으면 꽃들도 시들어 버리지요.

우리네 인생도 마찬가지라고 생각합니다.

무엇이든 그냥 쉽게 이룰 수 있는 게 아무것도 없는 것 같습니다.
살아가면서 수없이 상처받는 일도 많았지만
이겨낼 수 있었던 것은 긍정적인 사고 때문이었습니다.
그리고 남의 입장을 먼저 생각해보는 습관을 들이고 난 뒤로,
이젠 어떠한 일에도 견디어낼 수 있는 힘이 있습니다.

가을빛이 서서히 물드는 정원에 나와서
여러 가지 꽃들을 바라봅니다.
풀 내음이, 꽃 내음이 향기롭습니다.

아~!
내가 살아있구나!
소녀적 감성이 묻어 나오는 것 같습니다.
누군가 그랬지요?
나이를 아무리 많이 먹어도 마음은 청춘이라고요.
어느 새 나이는 중년이 되어 버렸지만,
마음은 아직 갈래머리 소녀시절로 돌아온 기분입니다.

자연과 함께하니 마음마저도 평온해집니다.

만지고 가꾸고 다는 못하지만,

손길 닿을 때마다 주변의 풀을 뽑습니다.

처음 이곳에 왔을 때, 풀마저도 아름다웠던 시간이 있었습니다.

지금은 풀이 지저분하다고, 귀찮은 생각이 드는 것은

나이가 들은 때문일까요?

전원생활에 익숙해진 때문인지도 모르겠습니다.

그리고 부지런하지 않고는

결코 깨끗한 정원을 가질 수 없다는 것도 알게 되었습니다.

오늘이 다시는 없듯이, 훗날 아무리 잘 못살았다고 후회한들

소용없다는 것을 너무나 잘 알기에,

또한 인생은 연습이 없기에,

오늘 하루도 그 소중한 시간들을 아껴야겠습니다.

가을의 길목에서 가을바람

소리를 들었습니다.

행복 또한 가득합니다.

행복의 열쇠

살아가면서 게으른 부자는 없다고 어디선가 들은 기억이 납니다.

그렇지요.

게으르면 아무 것도 이룰 수가 없습니다.

부지런한 삶만이 풍요로움을 느낄 수가 있습니다.

어느 날 손님이 저에게 하시는 말씀,

도대체 장사하기도 바쁜데,

언제 이렇게 예쁘게 가꾸어 놓느냐고요.

전 문득문득 생각이 날 때마다 새벽이고 밤이고,

틈틈이 만들고 붙이고를 잘 합니다.

누구나 다 할 수 있는 일이겠지만,

생활이 부지런한 여자만이 느낄 수 있는 짜릿함이야말로,

느껴보지 않은 사람은 절대로 모르실 것입니다.

피로를 날려버리는 방법

연인 아니면 친구 또는
가족끼리 오셔서 편안하고 음식도 맛있게 드시고
여유있게 차한잔 하시고 가신다면 너무 기쁜 일이지요.
늘상 볼거리를 제공하고 가족끼리 오셔서 촬영도 하시라고
우리 집 정원엔 온갖 꽃들로 가득 합니다.
소중하신 나의 고객님들을 위해 준비하고
모든 것을 정리하고 내일을 맞이할 준비를 합니다.

분주했던 하루를 보내고 이 밤!
세숫대야에 뜨거운 물을 담아 소금 반 주먹을 넣고
발을 담가 봅니다.
어느 온천수에서 온 몸을 담근 것보다 피로가 확 풀립니다.
어느 격식 따지지 않고 필요할 때마다 그때그때 상황 봐서
하루에 한 번 정도 하시면 피로와 스트레스는 한방에 끝.

어느 날 아들 녀석이 체했는지 손발이 차갑고 열 또한 많이 나서 사혈 침으로 손을 따주고 따뜻한 물에 손과 발을 씻어 주었더니 그때의 느낌이 좋았는지, 엄마가 조금만 피곤한 기색을 할라치면 세숫대야에 뜨거운 물을 받아와서 발을 담그라고 하더군요.

와우! 대견한 녀석.

녀석이 어릴 적부터 중국집을 해왔는데, 상에 놓여있는 식초병과 고춧가루를 한 번도 엎지르거나 하지 않고 잘 자라준, 잠자는 아들의 머리를 쓰다듬어 줍니다.

세상에서 최고로 멋진 아들,

사랑해!

마음 따뜻한 손님

겉모습이 화려하고 아름다운 것보다는

꾸미지 않아도 아름다운 모습이 더 아름답습니다.

얼마 전, 아이 둘을 데리고 부부가 와서 식사를 하셨지요.

어찌 교육을 잘 시키셨는지

아이들이 끝까지 그 자리에 앉아서 식사를 하더군요.

사실 그런 모습을 보기가 그리 흔하지 않거든요.

옆에 손님들 의식하지 않은 채 떠들고, 돌아다니고….

물론 아이들은 그렇다 치더라도,

요즘 엄마들, 신경 안 쓰는 분들이 더 많더라고요.

식사를 다하시고 빈 그릇까지 정갈하게 포개어 놓고 가시는 뒷모습이 어찌나 아름답고 고맙던지요.

사소한 것에도 흐트러짐이 없는 그 젊은 어머니의

가정생활이 보이는 듯했습니다.

마음이 따뜻한 시간이었습니다.

우리 가족들(강아지)

우리 집 개,

평온하고 건강하게 잘 자라라고 이름을 '평강' 이라고 지어주었지요.

그런데 새끼를 아홉 마리나 낳았습니다.

어느 날 우리 평강이가 임신하고 만삭일 때,

뱀에 물리고 말았습니다.

삼각형의 얼굴이 사각형이 될 정도로 부어서

차마 볼 수가 없었습니다.

삼일쯤 되더니 차츰 가라앉기 시작했고,

무지하게 가려운지 땅에 비비고… 너무 안타까웠습니다.

모두 우리 평강이가 죽는 줄 알았습니다.

그런데, 잘도 견디고 새끼를 아홉 마리나 낳아서

모두 정상적으로 잘 키우고 있습니다.

평강이 밥을 줄라치면 새끼들이 용케도 나와서 밥을 먹습니다.

난리들입니다.

너무 귀여워서, 더 이상 자라지 않았으면 하는 욕심도 생깁니다.

밥도 먹고 젖도 먹고, 모두 먹보입니다.

더 웃긴 것은,

우리 남편이 너무 녀석들을 사랑하다 보니,

우리 먹을 간식까지 눈 깜빡 할 사이에 강아지들에게

갖다 주는 바람에,

우리 가족 간식이 줄어들었답니다.

요즘 너무 바쁩니다.

우리 강아지 아홉 마리를 이름도 지어 주어야 하고,

뭐라고 지어야 할까요?

일월부터 구월이라고 지을까요?

하하하…

올터의 요즘은 행복하고 풍요롭습니다.

잘 살았다. 가슴이 시키는 대로 지금 이 순간

삶의 한가운데로 그 말을 마침내 끌어냈다.

〈알런코헨〉

happy two

중년의 향기

행복이
가득한집
Countrystyle

다시 찾은 나만의 여유

창밖엔 비가 내립니다.

고요함에 빗소리가 시원합니다.

우산을 받쳐 들고 들꽃이 어우러진 정원엘 나갔습니다.

풀잎에 맺힌 물방울들이 또로륵…

아름답습니다.

이렇게 아름다운 사계절을 볼 수 있다는 자체가 행복이라고 생각합니다.

특별나게 돈이 많아 부자는 아니더라도,

여러 가지의 꽃들과 대화를 하며

새소리 듣는 이 시간들이 너무나도 달콤합니다.

오랜만의 여유로움입니다.

너무 나도 바쁜 나날 속에서 내 자신을 잊고 살았습니다.

맨손으로 시작해서 이곳 포천에서 구년이라는 세월은,

나를 잊기엔 충분한 세월이었습니다.

여자로서 아내로서 엄마로서, 며느리와 올케로서의 길은

버겁고 힘든 세월이었습니다.

또 중국집 운영까지.

다니는 사람 구경하기도 힘든 곳에서 배달도 하지 않기 때문에

남다른 나만의 콘셉트가 중요하다고 생각하며,

아기자기하고 편안하게 식사하실 수 있는 공간으로 만들기 위해,

밤낮으로 만들고 붙이고의 연속이었습니다.

음악도 연령대에 맞게 시간마다 변화를 주며,

물론 내 작품도 있었지만 인터넷이나 시집에서 좋은 글도 적어서

붙여보고, 최상의 편안함과 여유로움을 드리고 싶었습니다.

남편은 주방 일을 하면서도 부지런히 틈만 나면 매실 밭으로 나갑니다. 매실 밭 사이엔 수많은 야생화와 우리가 먹을 수 있는 채소를 심었습니다.

안팎으로 성실하고 부지런한 남편 덕에 많은 꽃들을 즐기며,

싱싱한 채소를 먹을 수 있다는 자체가 얼마나 행복한 일인지요.

온갖 명품만을 고집하며 호화로움이 아니라도 좋습니다.

오래된 투박한 항아리처럼 소박함이 묻어나는

이 작은 행복이 좋습니다.

이젠 잊었던 저를 찾았습니다.

어릴 적 하고 싶었든 그림도 다시 시작했고,

무엇이든 마음만 먹으면 예쁘게 단장할 수 있는

여유로움도 생겨서 좋습니다.

울집 정원에도 가을꽃이 피기 시작했습니다.

이제는 식당도 가을 분위기 물씬 풍기는

멋진 자장 카페로 변화를 주어야겠습니다.

여행을 꿈꾸며

유월의 푸르름 속에서 이젠,
여행을 떠나고 싶습니다.
지금껏 늘 그러하듯이 나를 들여다 볼 여유조차 없이,
이렇게 세월은 흘러가 버렸습니다.

열심히 앞만 보며 살아온 결과,
정말로 아름다운 삶으로 바꾸었지만
이젠 여유로움으로 여행을 떠날 계획을 세워 봅니다.
챙넓은 모자를 눌러 쓰고 바다가 있는 곳으로 여행을 하고 싶습니다.
하지만 아직은 확실한 계획과 목적지도 정하지 못했습니다.
이렇게… 또 하루가 갑니다.
딱 결정을 짓고 떠나지 못하는 내 자신이,
주위의 모든 것들이 나를 꽁꽁 묶어 버립니다.

나의 주관에 모두 다 이루어지는 현실이다 보니
오늘도 발목 잡혀 떠나질 못했습니다.
남편과의 호젓한 여행이 이렇게 힘들다니…
어느새 중년이 훨씬 넘었는데…
유월의 여행은 생각일 뿐 아쉽게 하루가 또 갑니다.

유월이 갑니다…
중년이 갑니다….

중년의 향기

한적한 시골길을 달리며
봄처럼 아련하고 상큼한 내음을 맡아 보았습니다.
아름다운 장미향도 아닌 것이,
진한 백합꽃 향기도 아닌 것이 나의 후각을 자극했습니다.
시골 산길의 향기를
나는 느낄 수가 있었습니다.
상큼하고 달콤한 봄 향기인가요?
먼지 나는 시골 산길을
차문을 모두 열고 천천히 달리며 난 그 향기에 취해 있었습니다.

어느새 귀밑머리에 희끗희끗 하나씩 나오는 흰머리는
많이 산 것 같지도 않은데, 어느 사이에 중년이라니….
무엇을 했던가요.

매실
GARDEN

나를 위해서, 아님 그들을 위해서.

오랜만에 나만의 시간을 가져보며,

내 모습을 봅니다.

내 마음을 봅니다.

주어진 현실에 감사하며

나보다 남을 먼저 생각할 수 있는 중년이어야 한다고.

겉모습이 화려하고 화장냄새 진하게 풍기는 아름다움이 아닌,

내면이 아름다운 중년이고 싶습니다.

시골 산골 그 상큼한 내음처럼 고운 향이고 싶습니다.

장미처럼 아름다운 향이 아닌,

중년의 향기를 만들어야겠습니다.

안개꽃

소녀 때부터 저는 안개꽃을 좋아했습니다.

늘 항아리에 안개꽃을 가득 채워놓는 게 꿈이었습니다.

용돈을 모아서 안개꽃을 한 아름 사다가 방 한 쪽에 있는 항아리에 가득 채워 놓곤 했지요.

안개꽃은 처음부터 드라이플라워가 될 때까지 아주 매력이 있는 꽃입니다. 아주 오래도록 볼 수가 있기 때문이지요.

요즘은 바빠서 그림을 그릴 수가 없지만 10년 전에 그린 그림인

듯싶습니다. 제 그림은 습작이라서 액자가 없고,

그냥 한 쪽 벽에 붙여 놓았습니다.

세월이 가고 중년이 되어도

안개꽃을 사랑하는 마음은 변함이 없으며,

늘 안개꽃처럼 잔잔하고 아름답고 고운 중년이길 노력합니다.

화려하지도 그렇다고 초라하지도 않은 안개꽃처럼

아름다운 중년으로서의 삶.

항상 노력하고 생활을 아름답게 가꿀 줄 아는

멋진 중년이어야 한다고 생각합니다.

결코 인생은 리허설이 없기에,

오늘 하루하루가 행복하면 그 행복이 훗날 노후까지도

이어진다는 진리를 터득했기에,

과거에 연연하지 않고

오늘 하루에 최선을 다합니다.

나의 멋진 노후를 위하여,

오늘 하루도 밝은 모습으로 시작합니다.

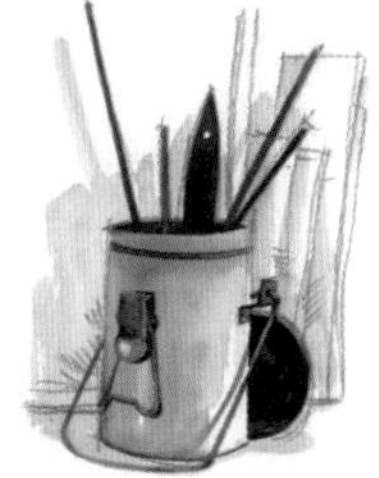

우리 집의 첫눈

어제 밤부터 첫눈이 내리기 시작했습니다.

날이 밝기를 기다려 아무도 밟지 않은 첫눈을 밟아보았습니다.

조기~제 발자국이 보이시나요?

혼자 보기가 아까워서 이렇게 올려 봅니다.

넘 아름답지요?

올해는 풍년이 들려나봅니다.

첫눈이 이렇게 풍요롭게 내렸으니 말입니다.

첫눈이 이렇게 많이 내린 것은 올해가 처음인 것 같네요.

산과 들 마을과 시야에 들어오는 모든 것들이

모두 새하얗습니다. 나의 마음 마져도요.

나뭇가지에도, 돌 틈 위에도,

WELCOME

그렇게 하얀 눈은 밤새 와서

아름답게 앉아 있습니다.

소복이…

그림처럼 아름답게 내렸습니다.

소국이 아름답게 피었던 게 불과 2주밖에 되지 않았는데

이렇게 눈으로 모든 것을 덮어버리다니요.

테라스위에도 온통 흰 눈뿐입니다.

가을은 온 데 간 데 없고…

다시 또 겨울은 너무 가까이에 왔습니다.

나이를 먹는다는 것

눈이 내려 하얀 대지 위에,
이제 돌이킬 수 없는 2007년도,
그렇게 묻혀버렸습니다.

온갖 산과 들도
내린 눈들과 함께 그렇게 묻혀서,
시간은 갑니다.

고요한 아침입니다.
해가 떠서 녹기 전에 찰깍!
후~~ 내 그림자가 온통 아름다움 속에 있습니다.
벽 밑에 소국이 아름답게 피었었는데
눈 속에 덮이고 말았습니다.

창 너머로 보이는 눈 내린 풍경들이 정겹습니다.

다시는 오지 않을 어제가,

또 오늘이 아쉽기만 한 이유는

나이가 먹는 것을 안 탓이기도 합니다.

어느 것 제대로 한 것이 없는 것 같은데

세월은 너무 빨리만 가고 있고….

정말 나이든 분들이 들으시면 혼날지도 모르지만…

이젠,

알아버렸습니다.

소중한 것이 시간들이라는 것을요.

정말 잘 살아야겠습니다.

주위도 돌아봐야겠습니다.

꽃에게서 희망을

밖엔 눈이 내려 겨울이지만,

우리 집 거실엔 항상 꽃이 핍니다.

시클라멘과 장미허브와 너무 예뻐 꽃 이름이 뭔지도 모르는 꽃을 정성껏 키웁니다.

길가에 버려진 나무를 잘라서 액자틀을 만들고 칼라복사지로 만든 핑크색 장미꽃과 음료수병으로 만든 포푸리향 한쪽코너가 아름다워졌습니다.

항아리에도 내리고, 나의 그림 위에도 살포시 내려앉은 눈이 아름답습니다. 지붕위에도 하얗게….

태양이 떠도 녹아 없어지지 않는 소중함을 간직하고 싶었습니다.

오늘은 없어지지만 내일이 있어 희망이 있습니다.

봄을 기다리는 마음

어이하라고 저토록 세차게 바람은 일어댈까요?

하늘인지 땅인지 산인지 분간이 안 가게 온통 황사로 덮여있습니다.

마음마저도 뿌연 느낌이라 화분의 꽃들을 카메라에 담아 봅니다.

꽃을 보면 마음이 한결 상큼해집니다.

그 꽃이 생화이든 조화이든지 꽃을 매우 좋아합니다.

웬만한 화원보다 더 많을 정도로 우리 집엔 화초가 많이도 있습니다.

그 많은 화분에 사랑과 정성을 쏟습니다.

늘 나의 일상입니다.

아침에 일어나면 꽃들과 대화를 합니다.

잘 잤니? 사랑해

그 많은 화분을 일일이 만져줍니다.

항상 아름다운 음악을 틀어주고 그래서인지,

우리 집 화분의 꽃은 매우 싱싱합니다.

그리고 행복해 보입니다.

저의 사랑이 듬뿍 들어가서 일겁니다.

어쩌면 그렇게 꽃마다 특색이 있고, 향기가 틀리고, 색깔이 틀리고, 그렇게 아름다운지요. 이토록 고운지요.

이렇게 고운 꽃들을 보기 위해서 늘 바쁜 일상입니다.

바쁘기에 생활이 아름다워집니다.

결코 게으르다면 저렇게 아름다운 꽃들의 미소를 볼 수 없기 때문입니다.

봄이 오고, 여름이 오고,

가을이 오고, 겨울이 와도,

계속 피고 지고, 피고 지고,

아름다움의 연속입니다.

어머나!

어쩜 이렇게 꽃을 잘 키우느냐는 손님들의 감탄사.

어찌됐건 저에겐

다 죽어가는 화분도 살려낼 수 있는 기술이 있답니다.

주어진 환경 속에서 항상 가꾸고 꾸미고 변화를 준다면,

흔히 이야기하는 권태로움은 없다고 봅니다.

행복은 멀리에 있는 것이 아니고

내 손에, 내 마음에 있는 것입니다.

흐린 하늘이어도 좋습니다.

바람이 많이 불어도 괜찮습니다.

항상 마음속엔 봄이 와있기 때문입니다.

바람 부는 날

바람이 세차게 일어댑니다.
고운 얼굴 모습으로,
고운 생각으로 하루를 열고 싶었는데
바람 불어 마음마저 어수선합니다.
아름다운 봄을 맞이하기 위해서
앞으로 얼마나 더 많은 바람이 일어댈 것인지.
그 아름다운 봄을 기다립니다.
실내의 화초를 기르며,
그들에게도 봄 이야기를 전해주고 싶습니다.

POST
쟁반짜장
WELCOME

진정한 행복은 먼 훗날 달성해야 할 목표가 아니라
지금 이 순간 존재하는 것입니다. 그런데 안타까운 것은
지금 이 순간 행복해야 한다는 사실을 잊는다는 것입니다.
〈프랑스아 를로르〉

happy three

생활의 지혜

재활용품의 변신

반신욕조 덮개로

파티션을 만들었습니다.

뒤에는 어린이 동물 그림이 있어서

하얀색 시트지로 붙였습니다.

그 위에 작은 바구니와 장미꽃 리스로

마무리했습니다.

빈 접시에 레이스를 달고 조화를 붙였습니다. 종이컵에는 시트지를 붙이고

꽃을 꽂아보았습니다.

버려진 나무토막에는 꽃그림을 그려보았습니다.

테라스가 추워 앉을 사람이 없어도 나는 항상 먼지를 닦습니다.

인생은 과거형도 미래형도 아닌 현재 진행형….

미래는 오늘의 다른 모습이라고 생각하기 때문입니다.

이렇게 세월이 가는구나 생각하게 될 때가 있습니다.

그저 맥없이 힘 빠진 채로 살림에만 마음을 담고 있는 사이,

우울하고 구름 많은 시간 사이,

이유 없이 발길 총총한 날들….

그 사이 사이로 값진 세월들이 우수수 빠져 나가죠.

나의 짧은 시간들이 단막단막 모아져 인생이 됩니다.

그 시간을 잡으세요.

집에 들어오면 무조건 편안한 것이 최고라고 생각해요.

항상 생각하곤 하지만 가족이건 손님이건,

항상 편안했으면 하는 마음으로

하루를 엽니다.

향기로 상쾌함을 사다

마음을 편안하게 기분 좋게 하는 요소에는,

여러 가지가 있습니다.

방 안에 향이 그윽한 꽃을 꽂아놓는 방법도 있을 수 있고,

향초를 켜놓는 방법도 있습니다.

저는 강한 향은 별로 좋아하지 않고 샤워코롱이라는 것을 주로 이용합니다.

청소를 말끔히 한 후에 걸레를 깨끗이 빨아서 그 걸레에다 샤워코롱을 조금 뿌립니다.

침대 헤드나, TV나, 탁자 등을 닦아만 주어도

방 안에 향기가 솔솔….

마지막으로 커튼에도 한 방울만 뿌려주면

낮엔 쾌적하고 기분이 상큼해지고 밤엔 잠도 잘 옵니다.

틀에 박힌 생활에 활력소가 되는 것 같습니다.

작은 미니 병의 변신

음료수를 마신 병을 깨끗이 씻어 말린 다음,

말린꽃을 넣고, 향수 한 방울씩 넣은 다음에 마무리.

좋은 글과 함께 어때요?

현관에 신발장 위에 놓아두면

향수 냄새가 소~올~솔~~

내가 만든 소품 1

주어온 나무에 색을 입히고 글을 써 보았습니다.

깡통에 색을 입히고 꽃을 꽂아 보았습니다.

돈을 들여서 예쁜 것보다는

세상에서 단 하나뿐인 내 작품을 보니 흐뭇합니다.

비록 잘 하지는 못했지만 저의 정성인걸요.

내가 만든 소품 2

작은 액자에

미니 모자를 붙이고

꽃으로 장식을 해보았습니다.

지점토로 만든

미니 꽃병들에다

잡지를 뒤져서 플라워그림을 오려다가 붙여보았습니다.

작은 것 하나라도 만들어서 소중히 간직하려고 합니다.

세상에 하나밖에 없는 나의 작품.

침실 벽면에 뮤럴 벽지를 붙였더니 마치 창문 넘어 호수가 있는 것처럼 느껴집니다. 한 번의 선택에도 행복해지는 순간입니다.

고장 난 시계의 변신

고장 나서 오래된 시계를 버리기 아까워서,

시계 뒷면의 나사를 풀어 시계 축을 분리한 뒤에,

시계 판을 떼어내고,

조화와 마직과 글루건을 준비한 뒤,

마직을 모양대로 만들어 글루건으로 붙인 뒤,

들꽃 조화를 꽂아보았습니다.

버려진 시계이지만 벽 한 쪽에 걸어 봐도 손색이 없을 듯하네요.

손끝의 향기

핑크색 면으로 어닝을 만들고
안감 천으로 미니 커튼을 만들었습니다.
핑크색과 화이트의 조화!
하얀 무지천에 파랑색 아크릴 물감으로 글을 써 보았습니다.

나의 생활은 변화의 연속이지요.
아름다움을 추구하는.
틈이 날 때마다 무엇이건 만듭니다.
그러므로 난 늘 바쁨의 연속입니다.
부지런함은 날 행복으로 이끕니다.
차를 한잔 마셔도, 음악을 들어도, 이야기를 할 때도,
모두 행복 공간에서 이루어집니다.
많은 돈을 들이지 않아도,

작은 패브릭으로 한 가지만 포인트를 주어도 아름다워집니다.

오늘도 이 아름다운 공간에서 음악과 차를 마십니다.

함께 마시지 않으실래요?

오래된 식탁 리폼

식탁이 처음에는 예뻤는데 때가 타고 지저분하게 되었어요.

인터넷에서 천을 구입해서 새로 만들게 되었습니다.

어느 사이에 봄도 없는 듯이 여름으로 온 듯한 후덥지근한 날씨.

시원해 보이는 천을 구입하여 오랜만에 재봉틀을 꺼냈지요.

이렇게 만들어서 완성된 제 작품입니다.

시원하고 깨끗해 보이지요?

의자 앉는 부분은 천을 재단해서 의자를 거꾸로 하여 야무지게 타카로 박았습니다.

내가 만든 커튼

인터넷에서 구입한 천, 화이트와 핑크의 만남.

재단을 해서 작업에 들어갔습니다.

재단한 천을 재봉틀로 박고 이렇게 완성했습니다.

잘 하지 못했지만 세상에서 단 하나뿐인 나의 작품이랍니다.

초등학교 시절 어머니께서 이불 호청을 하려고 끊어다 놓은 천을,

외출하신 사이에 싹뚝 잘라서 옷을 해 입고 나와서,

아이들에게 놀림을 당했던 멋쟁이였습니다.

지금은 멋쟁이가 아주 좋은 말이지만 그때 그 시절엔

아주 창피한 말인 줄 알았거든요.

그날 어머니께 많이 많이 꾸중들던 일들을 다시 한 번 떠올려봅니다.

사실 저는 그때부터 끼가 있었나 봐요.

이렇게 만드는 것을 좋아하는 것을 보면요.

새로운 마음으로 흰색계열로 시작했습니다. 깨끗하고 마음이 차분히 가라앉습니다. 이 자리엔 모두들 조심스럽게 앉습니다. 행여라도 무엇이라도 묻지 않을까 하고요. 하지만 괜찮습니다.
전 마음의 준비를 하고 있으니까요.
언제나 깨끗이 할 자신이 있기 때문이지요.
마음 또한 뿌듯합니다.

다시 또 한해가 갑니다.
오늘밤 오프라 윈프리의 〈나는 실패를 믿지 않는다〉의 책을 읽으며, 그녀의 멋진 일과 성공과 사랑을 생각해봅니다.
그리고 항상 긍정적인 자세와 끊임없는 노력과 그녀의 열정을 사랑하게 되었습니다. 이렇게 시간은 가고만 있는데, 붙잡을 수도 만질 수도 가질 수도 없는 그 시간을 아쉬워합니다.

GARDEN

헌 의자의 변신

오래되어서 헌 의자를 리폼하기로 마음먹은 지 몇 달 만에,
큰맘 먹고 작업에 들어갔습니다.
워싱 페인트를 구입하고 사포와 스펀지까지 준비했습니다.
가게 오픈하면서 구입한 것이 녹이 많이 슬어서
테라스 한 곳에서 천대받고 있었지요.
어언 8년이 지났으니 그럴 만도 하지요.
노란 의자, 빨간 의자, 보라색 의자, 화분까지도
모두 색을 입혔습니다.
헌 의자를 새 의자로 만들고 나니 기분 또한 새롭습니다.
이렇게 조금만 노력하면 새롭게 변하고 마음까지 행복합니다.
결코 행복은 멀리에 있는 것이 아니고 가까운 곳에, 하찮은 것에
서도, 행복할 수 있다는 것에 다시 행복해집니다.
마침 언니가 사다준 화분을 올리니 매우 잘 어울립니다.

테라스가 더욱 아름다워졌습니다.

조금만 더 생각하고 부지런하다면 이렇게

행복을 만들면서 살아갑니다.

다시 만든 가렌더

아주 오래전부터 굴러다니던 조화와 우드락을 준비해,
재단한 뒤 글루건으로 조화를 붙여보았습니다.
자연과 함께 내츄럴한 느낌이 듭니다.
라벤더와 여러 가지를 혼합해서 만들어보았습니다.
빨간 장미꽃도 붙여 보고.
시중에서 간단하게 아주 잘 만든 가렌더도 많지만
낡은 그네에 붙이기엔 아주 적합하다고 생각했습니다.
또한 남은 우드락으로 작은 벽걸이도 만들어보았습니다.

낡은 그네 한쪽엔 빨간 장미꽃 가렌더를 붙이고,
라벤더에 맞춰서 작은 벽걸이에도 보라를 넣었습니다.
영업시간이 끝나고 흠집이 난 접시와 나무에 색을 입혔습니다.
이른 새벽 일어나니 모두 잘 말라 있었습니다.
아크릴 칼라로 글도 쓰고 그림도 그려 넣었습니다.

이렇게 새롭게 단장을 해보니 아침 기분이 상쾌합니다.

한쪽 그네엔 내츄럴한 가렌더를 달아 보았습니다.

나의 사랑과 정성을 담았습니다.

작은 벽걸이도 소중하게 벽 한 켠에 걸어 두었습니다.

키 작은 해바라기 옆에 잘 어울립니다.

이렇게 아침을 맞이하며

많은 손님을 맞이할 준비를 합니다.

접시와 나무에 그린 그림도 자리를 잡았습니다.

이곳에도 제가 그린 양귀비는 자리를 잡고

버려진 나무에 생명을 불어넣었습니다.

작지만 내 정성이 있기에 더욱 소중합니다.

저는 버리는 것에 익숙하지 못합니다.

그래서 많은 물건들로 쌓여 있습니다.

언제인가는 쓰일 듯하여 쉽게 버리지를 못했습니다.

잊고 있었던 물건들을 어느 날 갑자기 생각이 나면

무엇인가로 만드는 작업을 시작합니다.

그것이 밤이든 새벽이든.

바쁜 나날 속에서도 나의 손은 계속 움직입니다.

하나씩 무엇인가를 완성한다는 자체가 행복으로 다가옵니다.

크리스마스를 기다리며

인터넷에서 구입한 천입니다.

크리스마스도 오고해서 식당에 변화를 주려고 구입한 천입니다

일일이 재봉틀로 박았습니다.

레드와 화이트의 조화로움!

우리 가게가 빨간 커튼으로 인해서 환해졌습니다.

식탁과 의자까지도 리폼 했습니다.

멋진 음악과 함께, 이곳에서 차 한 잔 마시면 행복하시겠지요.

이렇게 고운 프릴을 달고 분위기를 확 바꾸어 보았습니다.

실물이 훨씬 멋집니다.

이렇게 핑크와 화이트를 레드로 바꾼 뒤

성탄절 준비를 서서히 할 예정입니다.

MERRY
CHRISTMAS

POST

새해 맞이 준비

이제는 성탄절도 지나갔고 차분한 마음으로 새해를 시작했습니다.

다사다난했던 한 해를 버겁게 보냈고,

새로운 마음으로 화이트로 리폼을 했습니다.

꼬박 이틀 걸려서.

화이트는 차가우면서도 마음을 정화시켜 주기도 합니다.

우리 가게가 한층 더 넓게 보이기도 합니다.

화이트와 더불어 안정된 느낌이지요?

이 자리엔 모두들 조심스럽게 앉으십니다.

깨끗한 자리에 환한 미소까지, 그리고 따뜻한 마음도 함께.

항상 고객을 맞이할 준비가 되어 있습니다.

변함없는 마음으로 이 자리에 있겠습니다.

WELCOME
Coffee 한잔의

테라스에 새로운 커튼을

여름날에 망사로 커튼을 달아 놓았는데,

밖이라 민지가 뽀얗게 앉아 버렸습니다.

가을도 되었고해서 인터넷에서 광목과 컨츄리 체크지를

구입하여 작업에 들어갔습니다.

광목과 체크와의 만남이 잘 어우러져 있습니다.

어제 하루 종일 틈틈이 만들어서 저녁에 달아 놓고,

아침 일찍 사진을 찍으니 색이 선명하지가 않습니다.

오늘 하루 종일 흐려 있습니다.

하늘은 가을비가 내리려나 봅니다.

이렇게 천이 왔지요.

사이즈를 재고 재단을 했습니다.

재봉틀로 박음질을 하고 레이스 노루발이 없어서

일일이 손으로 주름을 잡아서 시간이 많이 걸렸습니다.
해님이 나오면 제대로 찍어서 올리겠습니다.
광목의 조화로움이 이렇게 많은 공간을 모두 채웠습니다.
실물로 보면 더욱 아늑하고 운치가 있답니다.

핑크색에 하얀 물방울 테이블보가 밖에 있는 이유로
너무 더러움이 쉽게 타서
이번엔 까만색물방울 방수천으로 갈아 보았습니다.
식탁 위엔 빨간 장미로 포인트를 주고
어젠 너무 힘든 하루였습니다.
뭐든 잡으면 끝을 봐야 하기에
올터의 가을은 이렇게 시작됩니다.

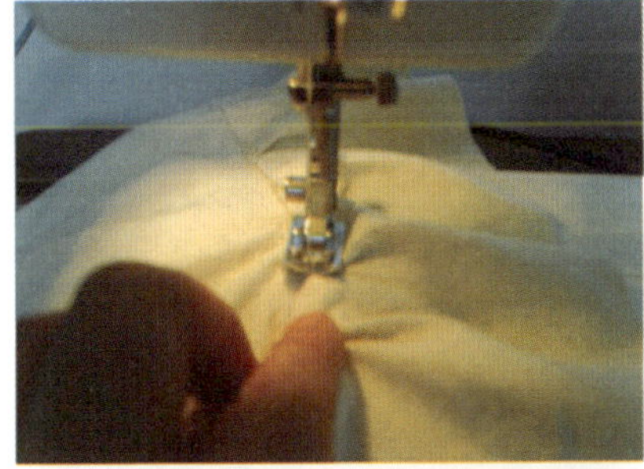

행복의 비밀은 자신이 좋아하는 일을 하는 것이 아니라

자신이 하는 일을 좋아하는 것이다.

〈앤드류 매튜스〉

happy four

생활의 활력

긍정적인 삶

시처럼 멋진 삶을 살고 싶었습니다.

어여쁘진 않지만

항상 고운모습으로

고운마음으로

하루를 살고 싶었습니다.

하루에도 수많은 행동과 말을 하지만 그동안 남에게 말과 행동을 부드럽게 했는지 말 한마디로 상처는 주지 않았는지 염려됩니다.

생각보다 말이 먼저 나올때가 많다보니 실수를 한 적도 많습니다.

하지만 나의 철칙은

남의 말을 되도록이면 하지 않는 것입니다.

남의 말을 하되 좋은 말만 하며

칭찬을 하자는 마음입니다.

남의 허물을 보지 말며 장점만을 보도록 노력하기로 한 뒤

한결 기분도 좋아졌습니다.

남에게 조금은 손해 본 듯이 살다보니 마음이 편안합니다.

작은 것일수록 소홀히 하지 않고 누구를 탓하지 않고 살다 보니

그런 것들이 삶의 원동력이 되어

나도 모르게 신나는 삶으로 바뀌어 있었습니다.

항상 스펀지 같은 마인드로 긍정적으로 살다 보니

현재의 행복한 나로 변해 있었습니다.

매실 꽃 축제

겨울 눈꽃처럼

매실 꽃 잔치가 벌어지고 있습니다.

여기 저기 온통 매실 꽃 잔치,

그 주위엔 야생화도 보입니다.

아름다운 풍경에 잠시 도취해 있었습니다.

너무 아름답습니다.

이렇게 아름다운 꽃을 볼 수 있다니, 그것도 우리 집 정원에서…

중목과 묘목을 사다가 심은 지 4년째입니다.

300그루 이상 되지요.

올해는 모두 꽃이 핀 걸 보면 매실도 만만치 않게 딸 것 같습니다.

온통 눈꽃인 듯 창밖 테라스 너머 흰 눈이 내린 듯 하얗습니다.

아름다운 음악과 시와 분위기가 있는 공간.

녹차 한 잔에 매실 꽃잎을 띄웠습니다.

매실 꽃향기와 어우러져서 기분 또한 상쾌합니다.

고운 바람마저 제 볼을 간지럽게 합니다.

이 아름다운 계절이 계속 이어졌으면 좋겠습니다.

이렇게 하루를 맞이하며 고운 봄날에 행복을 느낍니다.

아름다운 매실 꽃 사이에서 마음마저도 봄으로 이어집니다.

덧 없는 세월

싱그러운 새소리에 아침은 시작되고,
아름다운 생활을 위하여 오늘도 분주합니다.
어느덧 세월은 빨리도 흘러서 매실꽃잎이 바람에 휘날립니다.
눈꽃처럼 아름답게 떨어지는 모습을 보며,
문득 자신을 생각하게 되었습니다.
뒤돌아보면, 앞만 보며 열심히 살아온 결과가 이젠….

여기저기 아파서 파스에 기대어봅니다.
이러면서 가꾸어 본 적이 없는 나의 얼굴을 거울에 비춰봅니다.
어느새 흰머리가 듬성듬성, 입가에 잔주름하며,
나의 생을 살아온 정확한 훈장입니다.

하지만 괜찮습니다.

나만 그렇게 늙어가는 것이 아니기에,

그리고 또 열심히 살아왔기에,

지금의 내 모습이 하나도 부끄럽지 않습니다.

남아 있는 생.

정말로 잘 살아야겠습니다.

나 자신만이 아닌 이웃도 돌아보며 살아야겠습니다.

물질적 도움도 중요하지만

말 한마디라도 따뜻함을 전해드려야겠습니다.

올터의 유월

어느 사이에 푸르름으로 충만한 정원에,

아름다운 꽃도 함께 피기 시작했습니다.

매실 밭 사이로 야생화는 하나 둘씩, 그 자태를 뽐내고 있습니다.

이 길을 걸어가면 우리 가족들이 있습니다.

오리와 닭, 기러기, 거위 등…

아침이면 밥을 달라고 꽥꽥.

유월의 풍경입니다.

정원엔 금낭화도 흐드러지게 많이도 피었습니다.
땅콩과 고추와 가지,
상추, 부추, 수세미, 박 등…
많이도 오밀 조밀 심어 놓았습니다.

올해는 매실을 얼마나 수확하려는지…
두 번째의 수확입니다.
매실이 주렁주렁,
보기만 해도 흐뭇합니다.

아침에 눈을 뜨면 집안 구석구석,
나의 책임입니다.
주부가 건강하고 부지런해야만 가정이 행복하다는 것을,
너무 잘 알고 있기 때문에,
오늘도 행복한 마음으로 몸과 마음을 단정히 하고,
정원으로 나갑니다.
꽃들과 대화하기 위해서요.

엄마의 마음

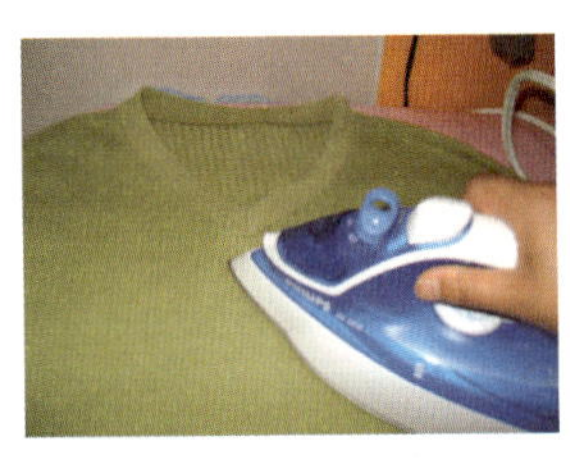

아침마다 아들의 옷을 다립니다.

6시 30분에 항상 깨워달라는 아들녀석을 위해서 옷을 따뜻하게 다려줍니다.

세수를 하고 난 뒤 아직 따뜻함이 남아있는 옷을 입힙니다.

아직은 어리기에…

다리미로 다린 따뜻한 옷을 입히며 이렇게 이야기를 해줍니다.

"사랑하는 아들, 따뜻하지? 엄마의 마음이야." 꼬옥 안아줍니다.

우린 얼싸 안습니다.

아들은 정말로 기뻐하며 입가엔 함박웃음… " 엄마 고마워요."

여름이 지나니 나의 마음을 전해야겠습니다.

아침의 시작입니다.

등굣길 아들을 차에 태우고 가는 길은 늘 행복합니다.

작은 일에도 감탄할 줄 아는 아들이 있어서 행복합니다.

다림질 하나로 행복할 수 있다니요?

늘상 습관처럼 해온 것뿐인데…

내가 엄마이듯이 내 어머니의 따뜻한 손길이 한없이 그리워지는 시간입니다.

기다림의 기쁨

장마가 끝이 났나 싶더니 많은 비가 내렸습니다.
잘도 버티어준 정원의 꽃들이 자랑스럽습니다.

농부가 땀 흘려 일하고
수확을 기다리는 마음처럼 늘 기다렸는데
드디어 후룩스가 피었습니다.
내년엔 빽빽하게 포기 나누기를 해 보아야겠습니다.

낡은 그네로 작은 꽃밭을 만들었습니다.
해바라기와 과꽃이 가을엔 좀 더 풍요로울 것 같습니다.

집 옆에서 바라본 풍경입니다.

가을의 마음

이제는 가을을 제법 느낍니다.

풀 속에서 곱게 자란 장미꽃이 너무 아름다워서,

그 자리에 멈춰 서 있었습니다.

정원은 가을로 물들어 가고 있고.

올해도 과꽃이 피었습니다.

보라색, 꽃분홍, 하얀색….

장독대 옆에 곱게 핀 키 작은 해바라기가 해님과 대화중입니다.

상큼한 바람과 함께 흔들립니다.

부추 꽃이, 드디어 벌, 나비를 끌어들이고 있습니다.

너무 아름답습니다.

봄에서부터 여름까지 김치며 전이며 마음껏 해 먹고,

이젠 아름다운 꽃까지 보여줍니다.

풀씨가 도자기에 떨어져서 이렇게 많이 컸습니다.

물만 주었을 뿐인데….

클로버처럼 생겼는데 먹어보니 시큼했습니다.

그런대로 테라스에 자리를 내주었습니다.

미니 달개비를 항아리 뚜껑에 심었더니,

그런대로 봐줄만 하네요.

아주 멋진 가을 느낌입니다.

삶의 여정을 닮은 소국의 아름다움

우리 집 처마 밑에 소국이 만개했습니다.
이제 이 꽃이 지고 나면 추운 겨울이 오겠지요.
바람이 불 때면 향기가 테라스에 가득합니다.

눈이 내리기 전에 다시 한 번 담아 보았습니다.
가을 서리가 내려 이곳은 쌀쌀한데,
잘도 견디어 아름답게 피어 있는 소국이 더욱 아름다워 보입니다.

서쪽의 창가에도, 배추 밭에도, 무 밭에도,
아름답게 피었던 소국이 이제는 말라버려 모두 베어버렸습니다.
다시 나올 싹을 위하여.
옆쪽에도, 주차장에도, 모두 베어버렸습니다.

좀 허전하긴 하지만

내년에 더욱 아름다운 가을 소국을 보기 위해선

그렇게 해야만 했습니다.

모두 베어버린 소국도 장난이 아니게

산더미처럼 많이도 쌓였습니다.

뒷뜨락 아궁이 솥에 물을 가득 부었습니다.

산더미처럼 쌓아 놓은 소국을 태우기 위함이지요.

바짝 마른 탓에 소국은 잘도 탔습니다.

소국의 내음과 타는 소리와 빨려들어 갈 듯한 불은,

그렇게 잘도 타들어갔습니다.

해질 무렵 아궁이 앞에 앉아서

지는 해를 바라보며 행복을 느껴봅니다 .

조금만 부지런하면 이런 낭만과 멋스러움이 있습니다.

소국의 향기가 내 가슴까지 깊이 스며듭니다.

심호흡을 하며 더욱 가까이 얼굴을 대 봅니다.

얼굴이 빨갛게 달아오릅니다.

가을이 되면 이렇게 아름답게 소국은 피지만

우리네 인생살이와 다를 게 없는

소국을 태우며 많은 생각을 해봅니다.

봄이 되고 계절이 바뀌고,

다시 또 필 아름다운 소국을 생각하면서.

내년엔 포기 나누기를 해주어서

집주변에 모두 소국의 향을 퍼트리고 싶습니다.

배려하는 마음

지금 들과 산은

너무나도 아름다운 모습입니다.

말로 표현할수 없을 만큼

아름다운 자연의 섭리 앞에서

입을 다물지를 못했습니다.

그 위대함을….

하지만 아침 산행에서 눈살을 찌푸리는 광경을 보게 되었습니다.

여기저기 흩어져 있는 행락객들의 쓰레기 더미를 보면서,

기분이 별로 개운하지가 않았습니다.

좋고 아름다운 곳에 와서, 구경한 것도 고맙고 좋은 일인데,

마무리를 못하고 가는 그 마음이 안타까웠습니다.

갈수록 쓰레기 더미는 커지고,

자식들을 키울 그들인데도 불구하고
우리 다음 세대의 아이들은 어찌살라고
양심을 버리는지 가슴이 짜안해집니다.
오늘도 피서 행렬은 이어지고…
작은 양심을 그나마도 버리지 않았으면 좋으련만.

우리집 주차장에도 양심을 버리는 손님들이 있습니다.
어디서 무엇을 잔뜩 드시고 난 쓰레기봉투를
주차장에 은근 슬쩍 버리는 이들도 계십니다.
나 하나면 괜찮겠지 하는 안일한 사고방식이 날 슬프게 합니다.

자판기에서 금방 뺀 커피를 마시지도 않을거면서
왜 그리도 빼서 탁자에 올려 놓고 가시는지 버리는 게 반입니다.
사소한 작은 것이라도 좀더 생각해서 드시면 좋으련만,
작은 배려로 서로에게 행복을 준다면 얼마나 좋을까요?
하지만 그런 분들보다는 그렇지 않은 분들이 더욱 많다는 것에
심히 감사를 드리는 시간입니다.

생활의 활력

때론 삶을 살면서 아무런 것도 하고 싶지 않을 때가 있습니다.

생활이 버겁고 몸까지 힘들 때가 있습니다.

그렇다고 이불을 뒤집어 쓰고 누워 있으면

더욱 귀찮아지게 마련이지요.

전 힘이 들 때면 서랍을 모두 쏟아 놓고

다시 차곡차곡 서랍정리를 합니다.

쏟아놓기 전에는 귀찮다는 생각을 하지만

정리하다 보면 마음이 차분히 가라앉고 개운하기까지 합니다.

또한 구석구석 방청소를 합니다.

그러다 보니 상큼한 기분이 되며, 마음 또한 활력이 됩니다.

그냥 대책없이 힘들다고 쉬는 것보다는

주위를 깨끗하게 정리를 한 뒤의 차이는 확실히 다릅니다.

그렇게 하고 나서 10분 만이라도 쉰다면 피로가 확 풀립니다.

내가 세상을 향해 외칠 수 있는 유일한 사실은 바로 이것이다.

좋은 인생이 우리를 기다린다. 여기, 바로 지금.

〈B.F. 스키니〉

Happy five

성공으로 가는 길

올터
쟁반짜장

생활의 미소

고운 장미보다 아름답진 않지만
가슴속 깊은 향기가 있습니다.
들꽃처럼 소박한 아름다움은 없지만
모두를 사랑할 수 있는
가슴이 있습니다.
그 아름다운 자연보다 부족함이 많지만
그 아름다운 자연을 가꿀 줄 아는
부지런함도 내겐 있습니다.
가을의 깊이만큼이나
마음마저도 따뜻해집니다.
항상 기쁜 마음으로
감사하는 마음으로
입가엔 미소를 가득히…

매일 웃어도 부족한 인생입니다.

결코 모든 것은 나 자신에게 달렸다는 것을 너무나도 잘 압니다.

그러므로…

나 자신을 칭찬합니다.

오늘 하루도 이쁘게 살았습니다.

아름다운 생활

많은 주부들이 그런 얘기를 합니다.

정말 내 집을 갖게 된다면

욕실과 주방을 가장 예쁘게 꾸미고 싶다고요.

좁은 공간이지만 산뜻하고 금방이라도

향긋한 향내가 날 듯한 욕실을 갖고 싶은 것.

글쎄, 지나친 욕심은 아니라고 생각해요.

향긋한 비누 한 개, 화사해 보이는 꽃 한 송이만으로

충분하지 않을까요.

욕실 벽면에 숲이 있는 뮤럴 벽지를 붙여보았습니다.

창문 너머로 멋진 정원이 보이는 것 같지 않나요?

표정이 있는 벽이 훨씬 넓어졌어요.

아침마다 욕실 청소를 하며,

청소하고 난 뒤의 청결함이 하루를 기분 좋게 합니다.

좀 더 자자, 좀 더 눕자,

그럴 때도 있었지만,

습관을 들이고, 그 습관으로 하여금 기분이 상쾌하고,

하루가 행복해 지는 것을 알기에,

즐거운 마음으로 물기 없는 보송보송한 욕실을 만들고 있습니다.

오늘 하루도,

나만의 실내 장식, 큰 돈 안 들이고,
밝고 화사하게 꾸며 보았습니다.
항상 만들고 붙이고,
변화를 추구합니다.

혼자만이 느낄 수 있는 뿌듯함이랄까요?
오늘 하루도 그렇게 바쁘게 가버렸습니다.
다시는 올 수 없는 소중한 오늘 이기에…
그러므로 나의 생활은 아름답습니다.
어느 것 하나 나의 손길이 가지 않은 곳이 없습니다.
현관 입구도 늘상 변하고 있지요.
오늘도 최선을 다 했습니다.

오늘도 내가 나에게,
칭찬을 해줍니다.

한결 같은 마음

어디 먼 곳을 돌고 돌다 힘들게 찾아온 분들에게,
휴식과 편안함을 드리고 싶었습니다.
가을이 깊어질수록 따뜻함을 전해 드리고 싶었습니다.

손수 만든 나의 정성으로 서쪽으로 해가 비추면
온통 노오란 색으로 물들어 버리는,
따뜻하고 아늑한 공간에서,
최고의 식사를 하시도록 최선을 다합니다.
식탁 위에도 들꽃내음을 가득히 채워놓았습니다.
노랑색을 그리 좋아하지는 않지만 겨울엔 따뜻한 색이기에 현관 입구에도 노란색 시트지를 붙였습니다.
현관 입구 세면대 옆은 밤색의 칸막이였는데 핑크색 시트지를 붙였습니다. 훨씬 아늑하고 밝아 보입니다.

화장실 벽, 버려진 나무로 액자를 만들고,

종이컵과 빨간 칼라복사지로 꽃을 만들어서 만든 화분에 꽂아보았습니다. 세상에 단 하나의 내 작품입니다.

또 하나 만든 액자에는 모조 사과바구니도 붙여 놓았습니다.

돈을 많이 들이면 더욱 고풍스럽고 멋지겠지만,

소품 하나하나에도 내 정성을 담아 놓았습니다.

하얀 벽지 위에 노란색 시트지를 붙이고 그림을 붙이고….

한 권의 책

바람이 세차게 일어 대더니 어두워지는 시간에 비가 내립니다.
봄을 재촉하는 비가….

참 많이도 힘들고 많이도 고뇌했던 순간순간들!
최선을 다했고 하루하루를 열심히 살았습니다.
10년 전 제 다이어리에는 제가 갖고 싶은 것과 하고 싶은 목표를,
상세히 적어 놓았었습니다.

까맣게 잊고 있었는데,
어느 날 책장 정리를 하다 보니
그 목표를, 그 꿈을 적어 놓은 다이어리를 발견하게 되었고,
그 다이어리에 적어 놓은 그 꿈들이
현실로 모두 이루어져 있었습니다.

넓은 창이 있는 전망 좋은 아름다운 집, 자동차 등
심지어는 작은 꿈들까지 모두 이루어졌습니다.
물론 그 꿈들을 항상 생각하며 열심히 최선을 다했습니다.

어릴 적 오그만디노의 〈아카바의 선물〉이라는 책을 읽었던 것이
나에게는 꿈을 키우게 된 동기가 된 듯합니다.
또한 순수한 마음으로 받아들였던 한 권의 책으로 인하여
인생이 바뀌었고 그 뒤로 성공의 지침서를 많이 읽게 되었습니다.

꿈은 이루어진다고 했지요
맞습니다.
꿈을 꾸되 그것을 생생하게 상상하고,
열렬히 믿으며,
열심히 최선을 다한다면
그 어떤 꿈도 이루어지리라 봅니다.

마음 하나 바꾸면

식당을 운영하면서 부부가 하루 종일 같이 일하는 사람치고,
싸움을 안 하고 사는 사람은 거의 없을 듯합니다.
사는 방식이 다르고 습관이 다르게 살다가,
부부가 되어서 늘 함께 장사를 하다보면,
서로 힘이 드는 부분도 많을 겁니다.

우리가 그랬습니다.
힘이 들고 지칠 때,
위로는커녕 싸움으로 이어지는 경우가 많았습니다.
어느 날 남편이 손님이 많이 계시는데,
소리를 지른 적이 있었습니다.
그 순간 너무 속이 상하고, 견딜 수가 없었습니다.
화가 머리끝까지 났지만,

그동안 쌓아온 이미지도 있고 해서 무지하게 참았습니다.

손님은 계속 들어오시고 장사할 기분은 아니었지만,

어떻게 하던 시간이 빨리 지나갔으면 했습니다.

그렇게 바쁘게 일을 처리하다,

불 앞에서 일하는 남편의 뒷모습을 문득 보게 되었고,

저렇게 착한 사람이 얼마나 힘이 들었으면

저렇게 화를 냈을까 하는 생각에,

가슴이 철렁했습니다.

그리고 너무나도 남편이 불쌍해졌습니다.

그 시간부터 남편을 이해하기로 했습니다.

살아온 과정은 틀리지만 저에게 남편을 맞추는 것이 아닌,
저를 남편에게 맞추기로 했습니다.
살아가면서 마음을 고쳐먹은 뒤 생활이 바뀌어졌습니다.
그랬더니 다시 행복으로 이어졌습니다.
제 마음 하나만 바꾸었을 뿐인데 이렇게 달라지다니!
그 후로 집에서 남편을 왕으로 대접하였더니,
당연히 저도 왕비가 되었습니다.
정말 힘든 일일 수도 있지만,
마음을 조금만 바꾸어도 생활이 틀려진다는 것을 알았습니다.
이제는 행복한 나날입니다.

실패를 딛고

맨 처음엔 포천 가산에서 중국집을 운영할 때
장사가 제법 잘 되었습니다.
하지만 배달 직원들이 내 마음 같지 않아 너무 힘들었고
아이가 어려 보살핌이 필요했고,
남편이 냉면 만드는 기술이 있었기 때문에
배달을 접고, 홀 장사만 하려고 일산에 둥지를 틀었습니다.
하지만 정말로 그때는 왜 그랬는지….

초겨울에 이사를 했고 제 아무리 냉면을 맛있게 한 들
그것이 계절 음식이다 보니,
겨울에 잘 될 리가 만무했지요.
돈 벌기는 힘이 들어도 돈을 까먹기는 일순간이라는 것을
그때서야 알게 되었습니다.

겨우 내내 돈을 까먹고 우리는 삶의 터전을 구하기 위해서 다시 나서야 했습니다.

짧은 시간에 밑바닥으로 추락한 것입니다.
저축과 보험이란 것은 다 해약해 버렸습니다.
마지막이라고 생각하며
틈나는 대로 지역신문을 보며 가게를 보러 다녔습니다.
아이가 어리기에 살림이 가능한 집을 찾았습니다.
그러던 중 마음에 드는 집을 발견하고 월세를 얻었습니다.
양지바르고 남동쪽으로 현관문이 나 있어서 지은 지 오래 되었지만 맘에 들었습니다.

남편과 단둘이서
20일에 걸쳐 고치고 쓸고 닦고,
인테리어를 하고 식당을 열었습니다.
그리고 내 집처럼,
풀 한 포기라도 소홀히 하지 않고 정성껏 꽃을 심고 가꾸고…

짜장면
사랑하기
WELCOME

여러 가지로 노력했습니다.

"그래 이곳이 마지막이야" 하는 생각으로

항상 잘 될 수 있다는 희망을 가지고 앞만 보며 달렸습니다.

어린 아이를 등에 업고,

아무리 힘이 들어도 힘들다는 생각을 한 적이 없습니다.

5년 만에 땅을 사고 건물을 지을 수 있었던 것은,

남편의 성실함과 저의 피나는 절약 정신이 있었기 때문입니다.

건물을 지어서 이사하는 날,

이삿짐 싸는 아주머니께서

17년 동안 이삿짐을 쌌지만 장롱에 옷이 없는 집은 처음이라며

"그러니까 5년 만에 땅 사고 집을 지었지"라고

웃으며 하시는 말씀을 들은 적이 있습니다.

지금 돌이켜보면 직원 하나도 없이 인내하고,

아이 키우고,

장사를 했던 제가,

무척 대견스럽기까지 합니다.

물론 부지런하고 성실한 남편을

더욱 칭찬을 해주어야겠지만 말입니다.

벌써 이곳 포천에 온 지도 9년이 넘었습니다.

돈을 드려서 몇 만장의 전단지와 PR은 하지 않지만

내 소중한 분들께 진실한 마음으로

신선하고 최상품의 재료를 사용하고 있으며

재고가 없이 더욱 맛난 음식을 드실 수 있도록

노력하고 있습니다.

아름다운 자연과 함께.

Flower

POST

성공의 포인트

요즘 같은 불경기에도 주말이면 주차장에 차가 가득 차고
표를 받아야만 입장할 수 있을 정도로
대박난 식당의 성공을 만든 일등 공신은
역시 '맛' 을 빼고는 논할 수 없을 것 같습니다.
아무리 분위기가 멋있다 해도 음식이 맛이 없다면
오늘처럼 대박행진을 할 수 있었을까요?
그 맛을 만들어 내는 주방장이
든든히 자리를 지키고 있기 때문이라고 생각합니다.
어려운 가정환경 탓에 어린 나이에 중국집에서 배달을 하고
주방보조로 들어가 주방일을 배우고
지금까지 30년을 한결같이 뜨거운 불앞에서
뜨거움과 팔이 빠지는 듯한 육체적 고통을 감내하면서
묵묵히 맛을 창조해 낸 제 남편이 일등공신이라고 말하고 싶습니다.

남편은 손님이 음식을 남기셨을 경우

왜 남기셨는지 항상 잔반을 체크하고

더 맛나게 만들기 위해 노력합니다.

최고로 좋은 재료를 구입해서

당일 음식은 당일 재료로 신선하게 만드는 것을 철칙으로

저희 집 냉장고에는 재고가 없습니다.

이런 남편의 노력으로 성공했다는 생각을 해봅니다.

훌륭한 남편에게 박수를 보냅니다.

우리 식당 경영 원칙

작지만 소홀히 할 수 없는 부분들을 상세히 올려봅니다.

요즘처럼 불경기일 때일수록

항상 부지런한 자세로 청결과

입가에 늘 미소와 정성으로

고객을 생각하며 최선을 다합니다.

우리 식당 경영 원칙

1. 큰 도로 옆인데도 창틀에 먼지 하나 없이
   매일 깨끗이 청소하는 습관
2. 안방처럼 향기나는 깨끗한 화장실,
   반짝이는 거울과 창
3. 위생을 위해 손소독기 설치
4. 매일 삶아서 청결한 행주와 도마
5. 90% 살균효과 식기세척기 사용
6. 재고가 없는 식자재
7. 매일 철저히 점검하는 깨끗한 냉장고 안
8. 반찬을 절대 재활용하지 않기
9. 가게 안과 밖의 많은 볼거리 제공
10. 친절과 배려, 밝은 미소로 따뜻하게 잡아주는 손
11. 담배 꽁초 하나 없는 넓은 주차장
12. 아름다운 음악과 시와 꽃
13. 30년 요리 경력의 주인이 직접 조리한 맛난 음식과
    안주인의 깍두기

자장면과 깍두기

모든 식당엔 김치가 맛이 있어야 합니다. 저희 식당의 음식이 아무리 맛있다고 한들, 김치가 맛이 없다면 안 될 말이겠지요.

자장면엔 김치보다 깍두기가 밀가루와 궁합이 잘 맞는다고, 어느 TV 프로에서 본 적이 있어서 우리 집은 깍두기를 내놓습니다.

처음엔 깍두기를 맛있게 담으려고 밤낮을 연구했습니다. 정말 깍두기 맛을 내려고 한 양푼 씩 매일 담아서 맛없으면 버리고를 수십 번의 노력 끝에, 아무런 도움 없이도 맛난 깍두기를 담그게 되었습니다.

요즘 깍두기가 엄청 잘 팔리고 있습니다. 깍두기를 담을 땐 혼자서 맛을 냅니다. 제가 직접 비법이 있기 때문입니다.

누군가 그렇게 말했지요.

'비법은 며느리도 몰라.'

자장면과 깍두기의 절묘한 만남! 아주 맛있습니다.

해물과 버섯 듬뿍, 짬뽕

신선한 여러 가지 해물과 버섯이 듬뿍,

얼큰하고 시원한 짬뽕을 여러분께 선물합니다.

막걸리 파티

주말이라 무지하게 바빴습니다.

힘들게 일해 준 직원들을 위해서 삼합을 준비했습니다.

돼지고기를 삶고,

삭힌 홍어와 묵은지와 막걸리를 준비했습니다.

발효가 사람을 살린다고,
몇 년 전 싸스(전염병)가 중국을 휩쓸었을 때,
우리 대한민국이 이겨낼 수 있었던 것은,
김치나 된장이나 청국장처럼
발효음식이 있었기 때문이라고 들었습니다.

얼마 전 뚱뚱한 주부를 대상으로,
아침저녁은 잘 먹고 저녁 공복에 막걸리 두 컵을 먹게 했더니,
삼일 째 되던 날 1.8kg이나 살이 빠졌다고 하더군요.
그만큼 발효가 중요하다고 생각하여,
토요일엔 삼합을 일요일엔 오리 주물럭을
정원에서 구워서 먹고 있답니다.
직원들의 반응이 저를 행복으로 이끕니다.
묵은지와 막걸리와의 절묘한 만남이 주말을 기다리게 합니다.

고향이 전라도는 아니지만 전라도 음식을 사랑합니다.
전라도 사투리도 너무 구수하고 좋아서

전라도 사투리를 가끔 사용하곤 합니다.

고향이 전라도 아니냐고 손님들이 물을 때면,

“긍게, 지가 전라도 벌교랑께요.” 해버립니다.

사실 전라도는 태어나서 한 번도 가보지 못했습니다.

경상도는 경상도대로, 충청도면 충청도대로

그 특성을 살려서 몇 마디씩 배워놓았습니다.

너무나도 재미있습니다. 대한민국의 국민이기에 행복합니다.

노력하고 열정을 다하는 삶이라면, 대한민국은 정말로

살기 좋은 나라라는 것을 실감하는 시간입니다.

막걸리에 삼합을 안주로 삼는

직원들과의 즐거운 저녁시간입니다.

너무 행복한 시간입니다.

정갈한 마음

시골이지만 전 항상 격식을 갖춥니다.

제 옷은 못 사입어도 앞치마는 넉넉히 구입합니다.

또한 앞치마를 구입하면 오바로크 집에 가서 우리 식당 이름을 새깁니다. 하얀 티셔츠에 깨끗한 앞치마와 위생모까지 항상 단정한 모습을 고집합니다.

규모가 큰 식당들은 당연히 멋진 유니폼들을 입으시고 뭐 당연한 것 가지고 별 내용을 다 쓴다고 생각하실지 모르지만 요즘처럼 불경기에 문을 닫는 식당이 많은 현실이고 보니 사소한 것에도 신경을 써봅니다.

어디 식당에 갔을 때 주인이나 직원이나 어느 기업에서 홍보용 '××소주, ××고추장' 등으로 나온 앞치마들을 입고 있는 것을 많이 봅니다.

그럴 때면 아무리 식당이 좋아도 이미지가 틀려집니다.

전 앞치마와 턱받이만큼은 많이 준비해서 흰옷을 입고 오시는 분들에게 꼭 챙겨 드립니다.

작고 사소한 일이지만 제가 다른 식당에서 음식 먹을 때의 바람이라서 인지도 모릅니다.

굳이 앞치마를 달라고 하지 않아도 흰옷을 입고 오시는 고객님들께 정갈하게 깨끗이 갠 앞치마를 살며시 챙겨드립니다.

작지만 고객들의 감동이 단골손님으로 이어집니다.

그러고 보니 정말로 많습니다.

앞치마가.

에필로그

조금은 부끄럽습니다.

살아가면서 제가 자장면이나 팔 줄 알았지,

감히 책을 낸다는 생각을 하지 못했습니다.

사랑하는 언니의 권유도 있었지만, 망설였습니다.

하지만 조심스레 책을 낼 수 있는 용기를 주신 분들이 계셨습니다.

9년 동안 저희의 수많은 단골손님들…

그리고 주말이면 지나가시다가 주차장 가득 메운

차들을 보시고, 다시 돌려서 처음으로 방문하시는 손님들이

모두 우리가게에 들어오시는 순간,

자장면집이 아니고 완전 카페 같다 하시며

'어머나' 하는 감탄사를 연발하십니다.

"누가 인테리어를 했냐?"

"몇 년이나 되었냐?" 물어 오시는 손님이 90% 정도 되었고,

"잠은 언제 자냐?" 하시며

아기자기한 분위기를 만드는 주인공을 궁금해 하시는 분들도
많았기에 조심스레 결심하게 되었습니다.
더도 덜도 아닌
꾸밈 또한 없는 제 삶의 이야기를 진솔하게 담아 봅니다.
전문가들의 잘 다듬어 만들어진 책처럼 세련되지 않고
소박한 책이지만 제 진실이 이곳에 모두 담겨져 있습니다.

먼저 저를 끝까지 믿어주고 이렇게 책을 낼 수 있게
뒤에서 말없이 도와준
아주 멋지고 성실한 저의 남편과 아들, 정말로 고맙고
책을 내라고 희망을 주었던 고운 우리 언니에게 감사드리며
교수로서 늘 격려해주고 따뜻한 말 한마디가 희망을 주었던
멋진 둘째 언니 부부에게 감사드립니다.
건강하고 재주 많은 저를 낳아주신 우리 어머니께 감사드리며
건강하고 성실하고 멋진 아들을 낳아주신 시어머님께
진심으로 감사드립니다.
항상 그리운 우리 오빠부부께 감사드리며,
또한 맏며느리 사정은 맏며느리가 안다며 힘들 때 격려해주는
바다같은 마음을 가진 충주 시누이님 부부에게 감사드리며

그리고 열심히 사시고 계시는 시누이님들과
책을 낸다고 했을 때 제일 반가워했던 우리막내 시동생 부부,
이렇게 책을 낼 수 있고 그림을 그릴 수 있게,
가게일을 친절하게 잘 도와주시는 두 이모들…
열정적이고 아름다운 용모의 초우화인회 강미자 선생님과
우리 화인회 회원 여러분들과 그리운 친구들 모두와…
아껴주시고 관심을 가져주시는 우리 단골 손님들 모두에게
고개숙여 진심으로 감사드립니다.
제가 잠시 안 보이면 주인이 바뀌었냐고 하시는 손님들…
제가 요즘 무지하게 바빴습니다.
책도 쓰고 그림 수업도 받고 뷰티존의 좋은 강의도 들어야 하는
관계로 가끔 제모습을 보이질 못했습니다.
자장면집의 안주인으로서, 항상 초심을 잃지 않는 자세로,
처음처럼 늘~ 이 자리에 있겠습니다.
감사합니다.
사랑합니다.
존경합니다.

"올터 쟁반짜장" 안주인 이윤복 올림